CATALOGUE

D'OUVRAGES

A FIGURES.

CONDITIONS DE LA VENTE.

Les livres devront être collationnés sur place, dans les vingt-quatre heures de l'adjudication. Passé ce délai, ou une fois sortis de la salle de vente, ils ne seront repris pour aucune cause.

Les acquéreurs payeront 5 °/₀ en sus des enchères, applicables aux frais.

Exposition vendredi 14 mars, jour de la vente, de 1 heure à 2 heures.

Paris. — Imprimerie de Georges Chamerot, rue des Saints-Pères, 9

CATALOGUE

D'OUVRAGES A FIGURES

DE LIVRES DE LITTERATURE, ETC.

PROVENANT DE LA BIBLIOTHÈQUE DE M. R. X.

DONT LA VENTE SE FERA

Le Vendredi 14 mars 1873 à deux heures très-précises de l'après-midi

Hôtel des commissaires-priseurs, rue Drouot

SALLE Nº 7

Par le ministère de Mᵉ DELBERGUE-CORMONT, commissaire-priseur
Rue de Provence, 8

On vendra à la fin de la vacation de nombreux lots de bons livres.

PARIS

LIBRAIRIE TROSS

5, RUE NEUVE-DES-PETITS-CHAMPS, 5

—

1873

CATALOGUE DE LIVRES

PROVENANT

DE LA BIBLIOTHÈQUE DE M. R. X.

1. Histoire du Vieux et du Nouveau Testament, représentée avec des figures et des explications édifiantes, par le sieur de Royaumont. *Paris, P. le Petit*, 1683, gr. in-4, fig. en taille-douce, vélin.

2. Histoire du Vieux et du Nouveau Testament, par M. le Maistre de Sacy, sous le nom du sieur de Royaumont. *Paris, J. Villette*, 1735, gr. in-4, figures en taille-douce, v.

   Les gravures sont différentes de celles de l'édition précédente.

3. Missale Romanum, cum Calendario Gregoriano. *Salamanticæ, G. Foquel.* 1589, in-fol. rouge et noir, maroq. olive, à riches compart. en or, tr. dor. ciselée. (*Reliure ancienne.*)

   Exemplaire extraordinaire dont les gravures (3 grandes et 38 moyennes) ont été artistement coloriées et rehaussées d'or à l'époque.
   Dans le même volume : Missæ propriæ sanctorum qui in diœcesi Toletana specialiter celebrantur. *Matriti*, 1584. — Missa propria S. Nominis Jesu die XV Januarii. *Matriti*, 1625. — Propria missarum sanctorum martyrum ecclesiæ Cordubensis. *Hispali*, 1678.

4. An Original History of the religious denominations at present existing in the United States, by D. Rupp. *Philadelphia*, in-8, 1844, veau jasp.

5. Histoire de la vie, des ouvrages et des doctrines de Luther et de Calvin, par Audin. *Paris*, 1850-51, 2 vol. in-18, demi-rel.

6. Versets du Coran et prières de Mahomet en arabe. In-8, maroq. rouge à compart. en or. (*Reliure orientale, dans un étui.*)

> Précieux et beau manuscrit du siècle passé sur papier, rehaussé d'or et de deux grandes miniatures, représ. la mosquée d'Omar.

7. The American's own book, or the constitutions of the several states in the Union, by J. B. Bigelow. *New-York*, 1847, in-8, fig. veau.

8. Essais de Montaigne, édition Variorum. *Paris, Charpentier*, 1854, 4 vol. in-18, demi-rel. chag.

9. Directions pour la conscience d'un roi, composées pour l'instruction de Louis de France, duc de Bourgogne, par messire François de Salignac de la Mothe-Fénelon. *La Haye, J. Neaulme*, 1748, in-12, portr. par Desrochers ajouté, v. marb. fil. tr. dor.

> Exemplaire en grand papier de Hollande du format in-4.

10. Livre des orateurs, par Timon (Cormenin), 11ᵉ édition. *Paris*, 1842, in-8, portraits, demi-rel. chag. vert.

11. Vies des peintres flamands et hollandais, par Descamps, réunies à celles des peintres italiens et français, par d'Argenville. *Marseille*, 1840-43, 5 vol. in-8, portr. demi-rel.

12. Galerie des peintres, ou Collection de portraits, biographies et dessins de peintres les plus célèbres de toutes les écoles, par Chabert et Franquines. *Paris*, 1822-1834, 3 vol. gr. in-fol. avec 141 portraits et 131 copies de tableaux, demi-rel.

13. Galerie de Dresde, gravures sur acier, avec texte en allemand par A. Goerling. *Dresde, s. d.*, 2 vol. in-4, chagrin vert.

14. Galerie Leuchtenberg (avec texte en allemand, par Passavant). *Francfort*, 1851, in-4, 262 planches, cart. non rog.

15. Les Amours de Psyché et de Cupidon, lithographiées d'après les dessins de Raphael. *Paris,*

Didot, 1825, in-fol. fig. sur chine, demi-rel. maroq. r.

16. Istoria della vita e delle opere di Raffaelo Sanzio, di Quatremère de Quincy, ampliata da F. Longhena. *Milano*, 1839, in-8, 24 planches, demi-rel. n. rog.

17. Reproduction des plus belles gravures en bois d'Albert Dürer, publiée sous la direction de W. von Kaulbach et M. Kreling. *Nürnberg*, *s. d.*, 42 ff. gr. in-fol. dans un carton.

Exemplaire complet d'une splendide publication devenue rare.

18. Opere scelte di Antonio Canova, incise da Réveil, e dilucidate da Domenico Anzelmi. *Napoli*, 1842, in-fol. avec 80 planches, demi-rel. mar. rouge, non rogn. tête dor. (*Petit.*)

Bel exemplaire.

19. Recueil des plus belles vues des palais, châteaux, maisons de campagne, etc., de Paris et de ses environs, par J. Rigaud. *Paris, s. d.* (*vers* 1740), gr. in-fol. obl. cart. non rogné.

Exemplaire avec 114 planches d'*ancien tirage* et dont presque toutes sont *avant les numéros*. Les jolies *figures de costumes* de l'époque de Louis XV font rechercher ce recueil, dont l'édition de 1752 et même le tirage plus moderne sont devenus fort rares. Au commencement du volume une légère mouillure. Une des vues de Versailles a été coloriée. Ce recueil est d'autant plus intéressant, que la plus grande partie des édifices représentés n'existe plus.

20. Album amicorum pro Everardo Kühnlen, chirurgo militario (*sic*), 1661, in-4, vél. rouge à riches compartiments en or et couleurs.

Curieux volume orné de 47 dessins originaux, la plupart coloriés, sur vélin et sur papier. Ces dessins sont en général de la grandeur des pages.

21. Costumes suisses, peints par Reinhard, et publiés par B. Birman et J.-F. Huber. *Basle* (*vers* 1800), gr. in-4, maroq. rouge, fil. tr. dor. (*Niedrée*).

Suite de 44 magnifiques planches coloriées au pinceau.

22. Collection de costumes suisses tirés du cabinet de M. Meyer d'Aarau, par J.-N. Koenig. *Un-*

terseen, chez l'auteur (1804), pet. in-4, maroq. rouge, fil. tr. dor. (*Niedrée.*)

Avec 24 planches coloriées au pinceau.

23. Traité des tournois, joustes, carrousels et autres spectacles publics (par le P. Menestrier). *Lyon, Muguet*, 1669, in-4, vignettes, veau br.

24. La Philosophie des images, par le P. Menestrier. *Paris, de la Caille*, 1682-83, 2 vol. pet. in-8, fig. sur bois, veau br.

25. Musée des antiques, dessiné et gravé par P. Bouillon. *Paris, imprimerie de P. Didot*, 1811-27, 3 vol. in-fol. fig. grand papier, demi-rel. maroq. rouge, non rogné, tête dor.

26. Augusteum, Dresden's antike Denkmale enthaltend, herausgegeben von W. G. Becker. *Leipzig*, 1804, 3 vol. de texte et 3 vol. de planches noires et coloriées, rel. en 2 vol. in-fol. demi-rel.

27. Suidæ Lexicon græce et latine, recensuit L. Kusterus. *Cantabrigiæ, typis academicis*, 1705, 3 vol. gr. in-fol. veau marbr.

28. Dictionnaire général français-anglais et anglais-français, par Spiers. *Paris*, 1853, 2 vol. in-8, demi-rel.

29. Quinti Horatii Flacci Opera. *Londini, æneis tabulis incidit Johannes Pine*, 1733, 2 vol. gr. in-8, fig. et vign. mar. rouge, fil. tr. dor. (*Anc. rel. genre Derome.*)

Exemplaire du premier tirage, avec la faute *post est* au lieu de potest à la médaille de César-Auguste, tome II, page 108.

30. Quintus Horatius Flaccus. *Parisiis, Petrus Didot nat. major*, 1799, gr. in-fol. fig. maroq. rouge du Levant, tr. dor. (*David.*)

Magnifique exemplaire de l'édition dite du Louvre. N° 36 des 250 exemplaires tirés.

31. OEuvres d'Horace, trad. en vers par P. Daru. *Paris*, 1804-5, 4 vol. in-8, pap. vél. veau, tr. dor. (*Mouillé.*)

32. OEuvres de Virgile, traduites en vers français par Tissot (*Bucoliques*) et Delille (*Géorgiques et Énéide*); en vers italiens par Arici et Annibal Caro; en vers anglais par Warton et Dryden; en vers allemands par Voss (texte latin en regard d'après Heyne). *Paris et Lyon*, 1838, in-4, demi-rel. mar. rouge du Levant, non rog. tête dor. (*Petit.*)

Bel exemplaire *en grand papier vélin, couleur rose*, publié au prix de 35o fr.

33. Virgilii Opera, cum notis diversorum, ed. P. Burmannus. *Amstelædami*, 1746, 4 vol. in-4, veau marbr.

34. Publius Virgilius Maro. *Parisiis, Petrus Didot*, 1798, gr. in-fol. figures, maroq. rouge du Levant, tr. dor. (*David.*)

Reliure uniforme à celle de Horace (n° 3o). Édition dite du Louvre, tirée à 25o exemplaires (n° 20{.)

35. Ovidii Opera, cum notis diversorum, ed. P. Burmannus. *Amstelædami*, 1727, 4 vol. in-4, vél. cordé.

36. Valerii Flacci Argonautica, cum notis diversorum, ed. P. Burmannus. *Leydæ*, 1725, in-4, veau rac. fil.

37. Lucani Pharsalia, cum notis diversorum, ed. Fr. Oudendorp. *Lugduni Bat.*, 1728, 2 vol. in-4, v. f.

38. Catullus, Tibullus cum commentariis A. Vulpii. *Patavii, Cominus*, 1737-1749, 2 vol. in-4, vél,

39. Propertius, cum notis Passeratii et J. Broukhusii et commentariis J. A. Vulpii. *Patavii, Cominus*, 1755, 2 vol. in-4, vél.

40. Phædri Fabulæ, cum comment. P. Burmanni. *Leidæ*, 1727, in-4, vél. cordé. (*Aux armes.*)

41. Orlando furioso di Ludovico Ariosto, illustr. par Bartolozzi et autres. *Birmingham, Baskerville*, 1773,

4 vol. gr. in-8. fig. en taille-douce, mar. rouge, dent. tr. dor. (*Anc. rel.*)

42. OEuvres de Clément Marot de Cahors, vallet de chambre du Roy. *Lyon, N. Scheuring*, 1869, 2 vol. in-8, br.

> Exemplaire en papier de Hollande. Belle édition, chaque page entourée d'un filet rouge.

43. Recueil des sonnets, des hymnes, élégies et autres pièces retranchées aux éditions précédentes des œuvres de P. de Ronsard, avec quelques autres non imprimées cy-devant. *Paris, B. Macé,* 1617, in-12, maroq. br. fil. tr. dor. (*Capé*).

> Bel exemplaire de M. Double.

44. Petits Poëtes français depuis Malherbe jusqu'à nos jours, avec des notices de P. Poitevin. *Paris, Didot*, 1856, 2 vol. gr. in-8, demi-rel. chagrin rouge.

45. OEuvres de Boileau, imprimées pour l'éducation du Dauphin. *Paris, Didot*, 1789, 2 vol. gr. in-4, pap. vél. mar. bleu, tr. dor.

> Tiré à 250 exemplaires.

46. La Pucelle d'Orléans. Poëme divisé en quinze chants, par M. de V.x.x.x. (Voltaire). *Louvain*, 1755, II ff. et 161 pages, cart.

> Édition originale.

47. La Henriade, poëme en dix chants, suivie de quelques autres poëmes. (*Kehl*), *Société littéraire.* Gr. in-4, fig. de Moreau, pap. vél. — La Pucelle d'Orléans, poëme en XXI chants, suivi des contes et satires. (*Kehl*), *Société littéraire*, 1789, 2 vol. gr. in-4, portr. mar. r. fil. tr. dor. (*Rel. anc.*)

48. Reinecke Fuchs, von Goethe, mit Zeichnungen, von Wilhelm von Kaulbach. *Stuttgart, Cotta*, 1846, in-4, fig. chagrin viol. tr. dor.

49. Classiques publiés chez Didot (Montesquieu, Esprit des lois, 1849. — Oraisons funèbres de

Bossuet, 1843. — Carême et sermons de Massillon, 1853. — Caractères de la Bruyère, 1856. — OEuvres choisies de Delille, 1850. — Fables de Florian, 1856. — Théâtre de Voltaire, 1851. — Aventures de Télémaque, 1856. — OEuvres de Rabelais, tome I, 1857), 9 vol. in-18, demi-rel.

50. Chefs-d'œuvre littéraires du XVIIe siècle, collationnés sur les éditions originales et publiés par M. Lefèvre. *Paris, Didot*, 1853-55, 12 vol. in-8, demi-rel. chagrin.

Provinciales et Pensées de Pascal. — OEuvres de Descartes. — Chefs-d'œuvre dramatiques de Corneille. — OEuvres complètes de Molière. — OEuvres poétiques de Racine.

51. OEuvres de René le Sage. *Paris, Ledoux*, 1828, 12 vol. in-8, figures, demi-rel. n. rogn.

52. OEuvres de Salomon Gessner. *Paris, Renouard*, 1799, 4 vol. in-8, pap. vél. 51 planches grav. en taille-douce, cart. non rogné.

53. OEuvres complètes du comte X. de Maistre. *Paris*, 1828, 2 vol. in-8, demi-rel.

54. OEuvres complètes de C. Delavigne. *Paris, Didier*, 1855, gr. in-8, demi-rel. mar. br.

55. OEuvres complètes de Béranger. *Paris, Perrotin*, 1834, 5 tomes en 4 vol. in-8, figures, demi-rel. (*Mouillures.*)

56. Quevedo Villega. Politica de Dios. *Madrid*, 1713. — El Parnaso español. *Madrid*, 1713. — Las tres Musas últimas castellanas, segunda cumbre del Parnaso español. *Madrid*, 1716. — 3 vol. in-4, parch.

57. Théâtre complet de J. Racine. *New-York, s. d.*, in-18, demi-rel.

58. Répertoire du théâtre français, avec des notices par Petitot. *Paris, Didot l'aîné*, 1803-4, 23 vol.

in-8, figures avant la lettre, veau rac. fil. tr. dor.
(3 *vol. mouillés.*)

59. Charlotte Corday et madame Rolland, tableaux
dramatiques, par Louise Colet. *Paris, Lacrampe,*
1842, in-fol. pap. vél. demi-rel. non rogn.

Tiré à 24 exemplaires.

60. The Plays of William Shakspeare, in fifteen volumes, with the corrections and illustrations of
various commentators, to which are added notes
by S. Johnson and G. Stevens. *London,* 1793, 15
vol. in-8, fig. veau gr.

Une des meilleures éditions.

61. The dramatic Works of William Shakspeare.
London, 1821, in-8, veau gaufr.

62. Shakspeare's dramatische Werke, übersetzt von
Schlegel und Tieck. *Berlin, Reimer,* 1854, 9 vol.
in-18, rel. en percal.

63. Le Don Quixote, traduit de l'espagnol, par
Bouchon–Dubournial. *Paris,* 1822, 4 vol. in-8,
demi-rel. mar. bleu non rogn.

Figures avant la lettre; on a ajouté la suite des gravures du Don
Quichotte de Desœr.

64. Les Aventures de Télémaque, par Fénelon.
Paris, veuve Delaulne, 1730, in-4, fig. d'après
Coypel, veau.

65. Les Aventures de Télémaque, par François de
Salignac de La Mothe-Fénelon. *Leyde,* 1761,
in-fol. fig. de Picart et van Gunst, cart. non
rogn.

66. Les Aventures de Télémaque, gravées d'après
les dessins de Charles Monnet par J.-B. Tilliard.
Paris, 1773, gr. in-4, veau fil.

Suite complète, belles épreuves.

67. Les Aventures de Télémaque, par Fénelon. *Paris, Didot l'aîné*, 1792-93, 6 vol. in-12, pap. vél. veau jasp. dent. tr. dor.

68. M⁰ de Staël. Mémoires. — De l'Allemagne. — Corinne. — Delphine. *Paris, Didot*, 1843-54, 4 vol. in-18, demi-rel.

69. Paris, ou le Livre des cent-et-un. *Paris, Ladvocat*, 1832-34, 15 vol. in-8, demi-rel. chagr. rouge.

70. Le Voyage de M⁰ Guillaume dans l'autre monde, vers Henry le Grand. *Paris*, 1612, pet. in-8, cart.

> Facétie d'une certaine rareté. Guillaume était un bouffon de la cour de Henri IV.

71. Les Dictz de Salomon, Auecques les responces de Marcon fort ioyeuses. In-8, goth. 4 ff. maroq. vert doublé de tabis, tr. dor. (*Derome*.)

> Copie figurée. Le volume provient des ventes Gaignat et Méon.

72. Le Livre des quatre couleurs (par le marquis de Caraccioli). *Aux Quatre-Éléments, de l'imprimerie des Quatre-Saisons*, 4444. (1757), pet. in-8, broch.

73. L'Année des Dames nationales, ou histoire jour par jour d'une Femme (de plus de 360 femmes en tout) de France, par N.-E. Restif de la Bretonne. *Genève et Paris*, 1791-1794, 12 vol. pet. in-8, fig. en taille-douce, rel. en toile.

74. Facéties, romans, etc. 13 vol. de différents formats, rel. et brochés.

> Histoire de Milord Pet. Les deux biscuits. Gaietés d'un bâtard de Mirabeau, etc.

75. Appleton's modern atlas of the earth. *New-York*, *s. d.* in-4, 34 cartes, demi-rel.

76. California, Utah and New-Mexico. Grande carte coloriée, collée sur toile. (*En étui.*)

77. La France maritime, par A. Gréhan. *Paris,*
1837, 3 vol. gr. in-8, fig. demi-rel. mar. vert.

78. Histoire scientifique et militaire de l'expédition
française en Égypte. *Paris,* 1830-36, 10 vol.
in-8, fig. et atlas in-fol. obl. demi-rel. veau f.

79. Voyage de Paris à Constantinople, par Marche-
beus. *Paris,* 1839, in-8, figures et carte, demi-
rel.

80. The Fiscal History of Texas, by W. M. Gouge.
Philadelphia, 1852, in-8, rel. en percal.

81. Voyage pittoresque et historique de l'Espagne,
par le comte Alexandre de Laborde. *Paris, Didot,*
1806-20, 4 vol. gr. in-fol. papier vél. demi-rel.
veau br.

82. Le Tour du Léman, par A. de Bougy. *Paris,*
1846, in-8, fig. demi-rel.

83. T. Livii historiarum libri qui supersunt, cum
notis diversorum, ed. A. Drakenborch. *Amstelo-
dami,* 1738-46, 7 vol. in-4, fig. veau jasp.

84. Taciti Opera, recensuit J. F. Gronovius. *Ams-
telodami, Dan. Elzevirius,* 1672, 2 vol. pet. in-8,
vél. fil. tr. dor. (*Lefèvre.*)

85. Cæsaris Opera, cum notis diversorum, ed. F.
Oudendorp. *Lugd. Bat.,* 1737, 2 tomes en 1 vol.
in-4, fig. vél. cordé. (*Aux armes.*)

86. Cajo Salustio Crispo en español. *Madrid, Ibar-
ra,* 1772, in-fol. fig. veau.

Traduction de l'Infant Gabriel. Chef-d'œuvre de la typographie es-
pagnole.

87. Histoire abrégée de la vie et des exploits de
Jeanne d'Arc, surnommée la Pucelle d'Orléans,
par Jollois. *Paris, Didot l'aîné,* 1821, in-fol.
fig. maroq. rouge, dent. tr. dor.

88. Histoire de la Bastille, depuis sa fondation,
1374, jusqu'à sa destruction en 1789, par Ar-

nould , Alboize et Maquet , suivie du Donjon
de Vincennes, par Alboize et Maquet. *Paris,*
1844, 8 tomes en 4 vol. gr. in-8, figures, demi-
rel.

89. Histoire de Mme de Maintenon et des princi-
paux événements du règne de Louis XIV, par le
duc de Noailles. *Paris,* 1849-55, 3 vol. in-8, fig.
demi-rel.

90. Mémoires du duc de Saint-Simon. *Paris, Ha-
chette,* 1856-58, 20 vol. in-8, rel. et broch. (*4 volumes mouillés.*)

91. Histoire des ducs de Bourgogne, par de Barante,
Paris, 1824-26, 13 vol. in-8, fig. demi-rel. veau
fauve.

Taches de pourriture aux volumes 3 et 9.

92. Recueil de (42) pièces en espagnol, en prose et
en vers, sur le règne de Philippe V, 1709-1711,
1 vol. in-4, parch.

93. The History of England, from the invasion of
Julius Cæsar to the revolution in 1688, by David
Hume. *London, printed by Bensley for Robert
Bowyer,* 1806, 10 vol. gr. in-fol. fig. cart. non
rogn.

Magnifique édition, publiée au prix de 1850 francs.

———

94. Le Compère Mathieu, ou les Bigarrures de l'esprit humain (par Dulaurens). (*Paris*), *imprimerie
de Patris,* 1796, 3 vol. in-8, maroq. olive foncé,
tr. dor. (*Derome.*)

Exemplaire *en grand papier vélin,* avec figures avant la lettre. Les
exemplaires sur ce papier supérieur sont très-rares.

95. L'Art de connoistre les hommes, par le Sieur
de la Chambre. *Amsterdam, chez Jacques le
Jeune (Elzeviers),* 1660, pet. in-12, maroq.
brun, fil.

96. Beauty's Costume, a series of female figures in the dresses of all times, and notices by Leitch Ritchie. *London, Longman, s. d.,* in-4, 12 planches, cart. en toile bleue.

97. L'Art des emblèmes, où s'enseigne la morale par les figures de la Fable, et avec près de 500 figures, par le P. Menestrier. *Paris, de la Caille,* 1684, pet. in-8, maroq. noir, à compart. tr. dor. (*Simier.*)

98. Tafereel der Dwasheid. Le Tableau de la stupidité et de la bêtise, représenté par les actionnaires des entreprises financières de John Law : — Banque de la rue Quincampoix, compagnie du Mississipi, etc. Recueil de 77 caricatures et de 4 portraits gravés en taille-douce. *S. l.,* 1720. in-fol. Veau à comp. dor.

Les caricatures, presque toutes d'un grand format, sont en général entourées d'un texte gravé en hollandais. On remarque dans le volume le jeu de cartes françaises en 52 cartes, qui manque presque toujours. Ces dessins satiriques ont même un grand intérêt pour notre époque, en les comparant avec certaines spéculations financières d'aujourd'hui.

FIN.

* 9 7 8 2 3 2 9 5 3 2 4 0 0 *